PE. GERVÁSIO FABRI DOS ANJOS, C.SS.R.

# Encontro de Batismo

Curso de Preparação para o Batismo

Coordenação Editorial: Elizabeth dos Santos Reis
Revisão: Ana Lúcia de Castro Leite
Capa: Marco Antônio Santos Reis
Diagramação: Alex Luis Siqueira Santos

ISBN 85-7200-887-X

1ª edição: 2004

6ª impressão

Todos os direitos reservados à **EDITORA SANTUÁRIO** – 2023

Rua Pe. Claro Monteiro, 342 – 12570-045 – Aparecida-SP
Tel.: 12 3104-2000 – Televendas: 0800 - 016 00 04
www.editorasantuario.com.br
vendas@editorasantuario.com.br

# APRESENTAÇÃO

A tomada de consciência de que o Leigo faz parte do Povo de Deus levou a Igreja a convocá-lo para uma participação mais ativa nas Comunidades (cf. Puebla n. 804ss.). A presença pastoral do Leigo adquire cada vez mais espaço na Igreja Católica, muitas vezes ocupado pelo padre. Entre as atividades pastorais ou ministérios confiados aos leigos, focalizamos aqui o "ENCONTRO DE PREPARAÇÃO PARA O BATISMO" que se realiza nas Paróquias.

Quantas vezes o Pároco já ouviu a resposta "não estou preparado... eu não sei!..." ao convidar alguém para colaborar na Comunidade. Este livro pretende oferecer alguns subsídios e orientações para a formação desses agentes. Igualmente pretende tornar mais conhecidas as normas da Igreja sobre o Batismo sem tecer grandes e profundas considerações sobre este Sacramento. Desejamos, sim, que a Igreja por meio de cada um de nós se torne mais acolhedora; dê testemunho caridoso do "sim" que vai ao encontro dos anseios da pessoa humana; e deixe a frieza de "não pode", ou "não faço", e pior ainda de "eu não quero e não deixo". Jesus é o grande e único Pastor. Participantes de sua missão, cabe também a nós, como discípulos, servir como Ele serviu. Viver esta atitude de pastor é que nos faz entender melhor a Pastoral e as Normas da Igreja sobre o Batismo.

Concluindo, lembro-me do velho à beira da estrada poeirenta. Perguntei-lhe: "Aquele caminho para onde vai?" O velho olhou-me, coçou a barba rala do queixo, e com voz lenta me respondeu: "Não sei!" Assim é; e caberá aos Agentes Pastorais de nossas Paróquias indicar aos nossos irmãos os rumos da estrada do sacramento do Batismo. Isso somente se realiza com amor, zelo, amizade, paciência e os cuidados do "Bom Pastor".

# INTRODUÇÃO

No cotidiano de nossa vida, é comum pedir que nos lembrem de coisas ou tarefas que podem ser esquecidas. Quem de nós não levou um beliscão com o recado: "Acorda! Presta atenção"? Alguém deve acordar-nos se estamos perdendo a hora, alguém deve chamar-nos a atenção se estamos deixando alguma coisa para trás. É bom que isso aconteça em vários níveis de nossa vida. Na revisão de nossas atividades junto à Comunidade Paroquial, faz bem um pouco desta atitude de relembrar coisas sabidas e esquecidas. É o que se pretende com estas anotações que lhe apresentamos.

Na Paróquia, entre as muitas atribuições do Pároco, está a tarefa da formação de seus Agentes de Pastoral; e cabe a ele fazer as observações convenientes para que o Povo de Deus seja melhor e mais bem servido. A direção pastoral a seguir, mesmo que seja clara e explícita, passa sempre por uma leitura de tempo e circunstâncias em que acontece. Para ajudar nesse discernimento é que apresentamos também estes subsídios, certos de que apenas lembramos o que já se sabe.

As informações foram tiradas do Código de Direito Canônico da Igreja Católica (CDC) e dos documentos da Conferência dos Bispos do Brasil (CNBB): Pastoral do Batismo; Pastoral dos Sacramentos da Iniciação Cristã; Batismo de crianças (*Subsídios Teológico-litúrgicos* doc. n. 19).

# 1

## A PREPARAÇÃO DO BATISMO

O mundo moderno empurra-nos para o individualismo em nossas atitudes de relacionamento humano. No esforço de neutralizar esse individualismo na vida de uma Comunidade Paroquial, todos os momentos de convivência cristã da Paróquia adquirem uma grande importância. Por isso é que se vê, com simpatia, a formação para o Batismo (CDC 851) como oportunidade para se viver juntos o "calor da fé e alegria cristã, entre irmãos unidos em Cristo".

Nesse sentido dizemos que a preparação do Batismo deve ser:

### Um encontro

Encontro fraterno e não um curso. A Convivência Cristã é caracterizada pela união de famílias e de pessoas na mesma fé, em busca de uma celebração. O batismo por si só é importante, mas torna-se mais relevante na medida em que se aprende a celebrá-lo com fé neste espírito de convivência e união em torno de Cristo.

- *Ambiente cristão:* Nessa preparação e celebração são imprescindíveis *os momentos de oração, de paz, de alegria e de entusiasmo.* Cabe à equipe verificar *os momentos mais oportunos* para comunicar valores, atitudes e melhores motivações de reflexão e oração.
- *Um testemunho* de convivência fraterna, de união e espírito de serviço que anima a todos. Esse testemunho é preciso que esteja presente nos Agentes, de maneira especial, na alegria do acolhimento, na atenção em dar informações, responder a questões e dúvidas; no preencher uma ficha e na disponibilidade evangélica que os anima em toda maneira de agir.

**Organização e tarefas**

- *O Planejamento* deve prever uma preparação em cada Encontro de Batismo; isso dará mais segurança e tranquilidade a todos dentro de sua função. A improvisação gera confusão e desânimo, que não fazem bem para ninguém. No grupo de trabalho eles são desastrosos! A preparação procura organizar:
- *Ambiente acolhedor que facilita a convivência* há de ser acolhedor, com um mínimo de conforto: cadeiras, luminosidade, ventilação. Se o encontro é na Igreja ou em uma sala, sempre se requer uma infraestrutura de sanitários e água disponível. Às vezes uma flor ou uma imagem de Nossa Senhora sobre a mesa são suficientes para melhorar o ambiente. Enfim, é preciso todo cuidado

para ouvir e responder às dificuldades e dúvidas dos participantes, e construir um clima de alegria e paz.

• *Os Agentes chegam antes de começar* o Encontro para arrumar o ambiente, verificar a estrutura de base. É inevitável algum contratempo nessa organização em coisas pequenas, mas que podem aborrecer. Havendo tempo torna-se mais fácil encontrar solução para essas surpresas.

• *Dar boas-vindas aos pais e padrinhos e acompanhantes* é um dever de toda a Equipe. Em algumas paróquias onde os participantes são em grande número, costuma-se identificar os Agentes com um crachá ou usando uma camiseta com dizeres "Pastoral do Batismo". Faz parte do acolhimento apresentar-se e mostrar interesse pelas crianças que acompanham. Paciência, agradabilidade e disponibilidade para ajudar são virtudes que não devem estar ausentes. Carrancudo e azedo só espantam!

• *Serviço de informações:* Na entrada deve estar uma mesa com fichas ou a listagem de quem participará do Encontro. Esse atendimento é importante para tirar dúvidas, colher informações corretas, nomes dos pais e padrinhos, acertar datas de batismo, fornecer transferências. Em geral, é a este grupo que os participantes pedem mais informações. Mesmo havendo anteriormente um serviço de Secretaria, este grupo que acolhe e atende é que dará a primeira impressão do Encontro.

- *As inscrições:* Ter disponíveis as fichas de inscrição e o agente que possa atender de imediato. Devemos lembrar-nos que nos bairros de periferia e para quem vem da roça nem sempre é fácil antecipar o preenchimento dessas fichas de dados e informações (cf. modelos no final do livro). No decorrer da convivência um agente deve ocupar-se em deixar preparados os atestados de presença no Encontro ou de alguma transferência de batismo.
- *No final do Encontro* não se pode esquecer de entregar o *comprovante* e explicação de seu uso. É oportuno também fornecer *a transferência* para batizar noutra Paróquia ou Santuário para aqueles que a solicitaram. Estes comprovantes é melhor que sejam entregues no final do Encontro. Não é prático e torna-se mais custoso pedir que venham depois para buscá-los.
- Elaborar a lista de quem e quando deseja batizar na Paróquia onde se faz o Encontro. Comunicar ao Pároco o número dos inscritos e a data em que pedem o batismo. A contribuição de taxa do Encontro ou do Batismo deve seguir a orientação do Pároco, e se for cobrada naquele momento deverá constar de maneira visível na lista de inscrição. É bom lembrar que ninguém deve ser impedido de realizar o batismo por causa de sua pobreza (CDC 848).
- *Estar juntos:* os Agentes que se ocupam da animação, das palestras e do encerramento na convivência devem estar juntos, na frente e auxiliando o(a) coordenador(a).

# 2

# ORIENTAÇÕES SOBRE O BATISMO

Todos os Agentes do Batismo devem ter clareza e segurança nas informações que repassam no Encontro. Contradições, desencontros, insegurança e desajustes com o Pároco são desastrosos para a Pastoral e animação dos fiéis. A formação e os encontros frequentes de Agentes com o Pároco são importantes na pastoral do Batismo.

Devemos ainda estar atentos ao que é "medida pastoral" e ao que são "normas da Igreja". Com facilidade ocorrem conflitos entre as nossas atitudes pastorais e as normas. Toda norma da Igreja tem como objetivo a construção do Reino de Deus; "a salvação das almas sempre como lei suprema" (CDC 1752). Radicalizar-se numa dessas duas posições é pernicioso.

Há o risco de se adotar a posição legalista onde "o máximo direito se transforma em máxima injustiça". Essa posição prejudica e muito qualquer atividade da Igreja, pois, as pessoas não são respeitadas em seus direitos; a religião passa a ter donos e deixa de ser um processo de caminhada pessoal. A visão mais simpática de Igreja transforma-se em "não..., não deixo..., não pode"; ou pior ainda "ele não quer e não faz de jeito nenhum!" A autoridade como "servir por amor", transforma-se em funcionalismo frio e rígido sem atenção às pessoas. Isso não significa a desvalorização da estrutura mínima que leva à ordem e sadia organização. Ordem e organização conduzem à eficiência e unidade.

É preciso ter as atitudes do "Bom Pastor" em recuperar os afastados e conduzir os que dele se aproximam. O excesso de normas, exigências, proibições, "fardos pesados" e sem condições de serem cumpridos anulam os objetivos da Igreja. Se de um lado não se podem fazer concessões fora da verdade, "se quisesse agradar os homens não seria discípulo de Cristo" (Gl 1,10), de outro lado jamais se pode deixar a lei básica da pastoral: "fiz-me tudo para todos para salvar alguns" (1Cor 9,22).

### Quem pede o Batismo

• Os *fiéis têm o direito* de pedir os sacramentos, de maneira especial o Batismo. Aos ministros da Igreja cabe o dever de dar os sacramentos, sempre que solicitados oportunamente, e cuidar de maneira criteriosa de sua preparação (CDC 843). Compete à Igreja determinar o que se refere a sua celebração, administração e recepção lícita e à ordem a ser observada em sua celebração (CDC 841). Há de se cuidar que principalmente os mais necessitados não sejam privados do auxílio dos sacramentos por causa de sua pobreza (CDC 848). O excesso de exigências poderá tornar-se um instrumento que atropela esse direito dos fiéis.

• O mal não é haver muita gente batizada, mas sim a ausência de um *processo de crescimento* nas três "Dimensões essenciais ao sacramento do batismo que devem estar presentes no trabalho pastoral" (Doc. CNBB) para aqueles que o pedem. Nessa preparação é preciso que sempre sejam respeitadas a capacidade de cada indivíduo e sua caminhada na experiência que faz de Deus, na vida.

• Normalmente *os pais é que pedem* o batismo para seus filhos e serão os principais educadores cristãos da criança; a eles se deve dar mais atenção durante a preparação e na celebração do batismo, sem desvalorizar os padrinhos.

**Os cuidados na preparação**

• Não há uma forma única de se fazer a preparação no "Encontro de Batismo". Cada Paróquia escolherá a melhor maneira dentro das necessidades pastorais do lugar, levando em conta, por exemplo, as pessoas mais pobres que moram na periferia ou na zona rural, a questão dos que trabalham a semana toda, os horários e as distâncias. Faz bem para a Pastoral questionar a validade de um ou de muitos encontros e o grau de aproveitamento dos Encontros.

• A preparação solicitada pela Paróquia deverá situar-se dentro do *conjunto pastoral de realização da Igreja* (*Evang. Nuntiandi*, Paulo VI n. 60). A preparação mais burocrática que pastoral, as celebrações apressadas e rotineiras, sem entusiasmo nem variação e adaptação aos grupos diferentes de batizados geram a passividade e não cedem espaços para a participação (CNBB Doc. n. 19. *Batismo de Crianças*). Sem as atitudes do Bom Pastor demonstramos que pouco cremos no que falamos, nada fazemos do que ensinamos. Estejam atentos, pois os ladrões do rebanho andam por perto!

• Há lugares onde o *Encontro é simples*, seguido de orações, exortações, em apenas uma reunião. Em lugares mais cultos o uso de vídeos, livros e folhetos é mais comum, principalmente para os pais e padrinhos impedidos de participar do Encontro. Em outras Paróquias o primeiro encontro é feito pelos Agentes em visita às famílias. Vale a criatividade, sem aquele "fardo pesado" nem para os pais nem para os próprios Agentes!

• A *preparação dos adultos* requer uma instrução mais esmerada, enquanto possível, segundo as normas da CNBB. É de se observar, ainda, a recomendação: "A não ser que uma razão grave o impeça, o adulto que é batizado seja confirmado logo depois do batismo e participe também da celebração da eucaristia, recebendo também a comunhão" (CDC 865).

## Os pais e os padrinhos

• Ao falar da *formação dos pais e padrinhos* o Código (CDC 851) sugere a instrução por meio de exortações pastorais, orações, reuniões de famílias. Importa conscientizar suficientemente os pais e padrinhos sobre a responsabilidade que assumem quanto ao encaminhamento de seus filhos e afilhados na vivência da fé e exercício dessa responsabilidade (CDC 793-872). Essa preparação poderá ser substituída pelo Pároco segundo sua prudência pastoral por outras modalidades.

• Nos *casos especiais* de pais que negam positivamente os valores da fé: podem batizar desde que haja alguém que assuma o processo de responsabilidade na educação cristã da criança. Com os pais de *"vida irregular"* e *mães solteiras* é a caridade compreensiva e o zelo que transformam essa ocasião em momentos para ajudá-los, sem negar o batismo a seus filhos.

• Nos casos *de pais que não têm a mesma religião* pode-se realizar o batizado havendo alguém que ofereça garantias da educação católica da criança (*Pastoral do Batismo*. Orientações da XIII Assembleia Geral da CNBB).

• O Código é claro ao dizer que não se recusará o batismo a filhos de *pais não casados na Igreja*, nem aos de mães solteiras. Os padrinhos estando em igual situação, haja atenção especial quanto à pessoa que seja capaz de encaminhar a criança na vivência da fé!

(CDC 868). É oportuno, evitando-se toda e qualquer coação, dar atenção a essas situações para que sejam normalizadas perante a Igreja, enquanto possíveis, como ocasião propícia.

• Ao batizando, enquanto possível, seja dado um padrinho; *admite-se apenas um padrinho ou uma só madrinha* (CDC 872-873); e que os padrinhos não sejam pais da pessoa a ser batizada; que sejam escolhidos pelos pais ou responsáveis; que tenham ao menos 16 anos, admitindo-se exceção por causa justa; que levem uma vida de acordo com a fé e com a missão que vão assumir. Uma *pessoa não-católica* não é admitida como padrinho, mas pode ser apenas testemunha (CDC 874). *Se não houver padrinho*, cuide-se que haja uma testemunha pela qual se possa provar a administração do Batismo (CDC 875-876).

**Serviços paroquiais**

• Há Paróquias onde a criança na idade de sete anos entra no mesmo nível de preparação de um adulto de 21 anos; e só é batizada dias antes da Primeira Eucaristia (se as catequistas não o esquecerem). Muitas vezes negar o batismo para a criança nessas condições traz sentimento de punição para os pais, sem induzir à animação e ao incentivo. É o perigo de se apagar a mecha que apenas fumega. É de se perguntar, igualmente, até onde essa medida atinge seus objetivos pastorais. Algumas Paróquias sugerem que a criança seja inscrita na Catequese, e após breve preparação seja batizada e se dê continuidade à catequese de Primeira Eucaristia, juntamente com os demais colegas.

• Os Agentes devem estar atentos para que as anotações na ficha de batismo sejam corretas; para isso é bom pedir aos pais que tragam a certidão civil de nascimento, com o objetivo de apenas anotar devidamente o nome dos padrinhos, e deixar prontas as certidões de Batismo. Explicar a importância e uso desse documento e enquanto possível entregá-lo logo após o batismo!

• Não se deve batizar unicamente em função do matrimônio, nem se deve condicionar o batismo da criança ao casamento dos pais. Para o casamento peça-se a dispensa de impedimento de disparidade de culto. O zelo pastoral aconselha usar dessa oportunidade para melhor orientar os casais em dificuldades.

• É da criança o direito de ser batizada, sendo suficiente que alguém dê uma *esperança fundada* de que será educada na religião católica. Criar dificuldades ou negar simplesmente, por causa dos padrinhos ou dos pais, não se justifica diante do CDC 868 e pode causar mais danos pastorais profundos que o bem que se deseja.

• Embora a Paróquia seja a "comunidade local" da celebração do batismo, nada impede que este seja realizado noutro lugar. Há circunstâncias, até mesmo devocionais, que justificam o batismo que pode e deve ser conferido em outra igreja, santuário ou em outro lugar convenientemente (CDC 859). Há de se questionar os objetivos pastorais de uma paróquia onde se proíbe e se nega de forma intransigente essa licença. O ato de solicitar a licença pode tornar-se um exercício pastoral adequado de o fiel sentir sua pertença e inserção em sua Comunidade Paroquial, e ao mesmo tempo perceber que é membro do Povo de Deus, também em outros lugares onde será bem acolhido na mesma fé, no mesmo Deus.

• Os agentes pastorais cuidem para que sejam registrados corretamente o nome do batizando e a data e o local de nascimento; nome dos pais, dos padrinhos, do ministro, data e local da celebração; cuide-se muito na inscrição de filhos adotivos segundo o registro civil; a mesma atenção com filhos de mães solteiras e, em caso de dúvidas, dirigir-se ao Pároco (CDC 877).

*Notas complementares:*

• Embora não seja nosso objetivo falar da celebração do batismo, o Pároco, com sua prudência pastoral, verá a conveniência dessa celebração durante a Missa Dominical. Levará em conta a recomendação da CNBB: "não se faça com frequência o batismo na missa" (*Batismo de Crianças* n. 9. Assembleia XIII CNBB). Com isso preservam-se a liturgia da Missa dominical e a liturgia do Batismo;

evitam-se a demora, a pressa, a obrigatoriedade que se impõe sobre os fiéis de assistir ao batizado. Evitam-se possíveis atritos entre os Agentes do Batismo com a Equipe de Liturgia.

• É de se recomendar tanto aos Ministros(as) Extraordinários(as) do Batismo como à Equipe de Celebração que conservem a dignidade, piedade e observância das recomendações dadas pelo Pároco.

# 3

## O CONTEÚDO

O Encontro de Batismo é um momento precioso de evangelização para a religiosidade de nosso povo. A Evangelização consiste em comunicar valores, atitudes e motivações melhores e não tanto em mudar as práticas exteriores. As atitudes interiores é que importam, e bem sabemos que a supressão ou mudança nas práticas não educam a fé, a não ser na medida em que ajudam a melhorar as atitudes.

**Atitudes que confundem**

É comum encontrar pessoas que observam, com razão, essas atitudes que confundem:
• Há Paróquias que batizam *sem nenhuma exigência pastoral*: eximem-se do trabalho pastoral de preparação dos fiéis. Em nada se preocupam para que o batismo não seja desvinculado do processo de vida cristã.
• Outras *negam ou criam dificuldades excessivas* para o batismo das crianças. Esquecem o Direito que coloca como única condição para o batismo da criança o compromisso assumido por alguém, neste processo de

vida cristã da criança (CDC 868). Não medem o desastre pastoral que isso causa criando vítimas fáceis para os ladrões do Bom Pastor; principalmente quando o tratamento é legalista, frio, descortês, e não leva a nada (Doc. CNBB n. 19. *Batismo de Crianças* n. 11).

• Muitas Paróquias exigem uma *preparação séria*, tanto para os adultos como para os pais e padrinhos de crianças. O objetivo principal da preparação não é aumentar nos pais e padrinhos os conhecimentos teóricos do cristianismo, mas acender ou reanimar ou intensificar a chama da fé, do amor e compromisso com Jesus e sua Igreja (CNBB *Pastoral do Batismo* 4.3).

Não se pode esquecer que evangelizar é um processo lento que parte de uma realidade religiosa complexa e até ambígua e conduz a níveis melhores. É uma experiência de Deus vivida pela pessoa. Essa experiência requer bom senso, sabedoria pastoral e respeito do Agente do Batismo. Quantas vezes aceitamos o mal menor para manter o primado da caridade e não apagar a mecha que ainda fumega! Dessa forma há de se cuidar em não transformar o Encontro em curso massacrante, cansativo, tedioso. Ou a tentação de transformá-lo em ocasião única para bombardear o catecismo inteiro na cabeça dos ouvintes. Não é esse nosso objetivo! Quantos deixarão o encontro aborrecidos e piores em suas atitudes religiosas, sem entusiasmo, sem alegria, sem paz.

## Características essenciais

Ao se falar sobre o sacramento do Batismo, deve-se levar em conta três aspectos essenciais do Batismo que devem estar presentes em todo o trabalho pastoral de preparação.

1. *A Realidade nova operada por Deus:* o batismo atinge o íntimo do ser da pessoa realizando uma nova criatura. Essa nova criatura "homem novo" (Rm 6,6) renasce através de Jesus, passando das trevas para a luz, passagem do pecado para a graça divina. A realidade nova operada por Deus de filiação divina e de inserção em Cristo clarificam a relação entre o batismo e o pecado. Mais perto de Deus, mais longe do pecado; vida e morte; trevas e luz.

2. *A Nova Aliança com Deus* realiza-se por meio de um novo relacionamento com ele, relacionamento de filhos por meio e junto com Jesus. A inserção e a filiação divina brotam dessa aliança e comprometimento de vida entre o homem e Deus (Rm 8,15-17). Por isso mesmo essa nova aliança supõe uma opção radical por Deus e uma relação íntima entre o Batismo e a Fé, os valores e as atitudes da vida cristã.

3. *A Nova Comunidade* tem sua nascente em Cristo; inseridos nele formamos um só corpo, a Igreja. Na

comunicação com Deus Jesus sempre estará presente entre nós. Jesus é o grande sacramento em todos os momentos da vida. O Batismo incorpora o homem na Comunidade-Igreja para fazê-lo, explicitamente, participante dessa salvação. O batismo torna-se, então, sinal e instrumento de salvação no meio dos homens (Ef 2,22; 1Pd 2,9; GS 32).

# 4

# AS PALESTRAS DE FORMAÇÃO

Antes de iniciar as palestras o Agente tem de ter a certeza de que tudo está em ordem, principalmente o serviço de som. Evite o som ardido, alto demais; fale com calma e evite a pressa em querer falar tudo de uma vez! Na comunicação o importante é comunicar-se, fazer-se entendido! Seja criativo! Escolha os exemplos que ilustram; lembre-se que após 7 a 10 minutos começam as dificuldades para se prestar atenção numa palestra expositiva. A estratégia que se usa na exposição é importante para não se perder o tempo falando em vão e para um público distraído.

*Ao iniciar o encontro*, dê boas-vindas aos participantes e — com cânticos e orações — crie um clima de alegria e animação. Torna-se importante toda *forma de participação*, por exemplo, na apresentação levantar a mão quem vai ser padrinho, madrinha; quem são os pais, mães, acompanhantes. Quando se trata de grupo pequeno, estabelecer um clima de diálogo entre eles e deixá-los falar com tranquilidade. Não se pode deixar de rezar pelas crianças que serão batizadas; além de ser algo muito simpático aos pais, também introduz um clima de fé e piedade!

O Coordenador do Encontro, se for oportuno, pode combinar dinâmicas com o Agente que faz a palestra. Por exemplo: espaço para perguntas e respostas, dinâmica de cochicho após uma pergunta feita a todos, ou uma breve encenação. É importante que haja uma passagem de uma para outra palestra, acompanhada de descontração.

**Momento de formação e oração**

Estando os participantes bem acomodados, os momentos que seguem são de grande importância e exigirão maior habilidade dos Agentes em conservar o ambiente de Encontro e Convivência, ao mesmo tempo ligado à formação e preparação imediata do Batismo. Sugerimos:

- Dar as *boas-vindas*.
- Canto alegre e popular, e a oração inicial.
- Motivação do encontro e das palestras.
- Apresentação dos participantes (se julgar oportuno).
- Indicação da estrutura de água, sanitários.

Agentes disponíveis para ajudar e responder.

## 1ª Palestra

## NO BATISMO, A NOVA CRIATURA

Muitas vezes ouvimos falar e nós também ensinamos às crianças: *Nós somos filhos de Deus!* Reunidos neste Encontro de preparação para o Batismo, voltamos a relembrar essa verdade que está bem guardada em nosso coração: nós somos de Deus e pertencemos a Ele! Deus nos ama e tem um projeto de amor para cada um de nós.

### Somos filhos de Deus

• *Pela Criação:* Não é difícil de se entender, pois, olhando para todo o mundo e as belezas que nele existem logo concluímos o quanto nosso Deus é poderoso, criador de tudo que há no céu e na terra; como Deus é eterno, imenso, santo e majestoso! Neste mundo maravilhoso ele colocou seus filhos que somos nós.

• *Centro da Criação:* Disse Deus "Façamos o homem à nossa imagem e semelhança, e os criou homem e mulher" (Gn 1,26); foi o ponto alto da criação e colocou a humanidade como centro e participante da obra criadora de Deus. Ao criar a humanidade Deus soprou o sopro de seu espírito, da vida, no rosto de Adão (Gn 2,7) e lhe deu o paraíso.

• *Conclusão prática:* seu filho que vai ser batizado *pertence a Deus*, e o ama, e tem para ele um projeto. Deus colocou nos braços dos pais esta criança para que eles formem, cuidem, eduquem; Deus passou-lhes o dom de existir para sempre; o dom da vida e não da morte. Deus é vida.

**Dimensão nova para o homem**

Observando melhor descobrimos ainda que Deus teve uma atenção especial conosco quando ele reserva para toda a humanidade uma dimensão nova de seu apreço pela humanidade. Esse carinho de Deus por seus filhos nós celebramos no Batismo, por meio e unidos com Jesus Cristo. Por quê? De que maneira? Procuremos entender:

• *O Amor de Deus:* Deus tem uma profunda simpatia e amor para cada uma de suas criaturas a ponto de se doar a si mesmo. Com isso, o homem também se torna capaz de se deixar amar por Deus. Daí nasce o diálogo filial. O Resultado desse encontro é a beleza, a graciosidade, a bondade, que refletem em toda a vida do homem. O homem torna-se bom, alegre, vida nova, gracioso porque ele foi visitado por Deus misericordioso e bom, imenso em sua gratuidade. Ele pertence a Deus como criatura e filho.

- *O Encontro com Deus:* Deixando-se amar por seu Deus Criador, nós criaturas estamos perto dele e com ele estabelecemos um diálogo. Ele é o Pai criador e eu a criatura que ele ama e deseja que participe de tudo que ele tem. Ele me amou primeiro... "Não fomos nós que amamos a Deus, mas foi ele que nos amou primeiro" (1Jo 4,10).

- *É uma presença nova:* Não se trata de Deus só perto de nós mas de sua presença em toda a história de nossa vida, em seu plano de amor a que destinou e chamou. Seu filho em seus braços, o que ele será? Deus tem uma vocação e um chamado para ele neste mundo. Você não é uma criatura solta e distante ou desligada de Deus! Deus se importa com você, pois é sua presença criadora e amorosa que assiste o homem tornando curado o que estava doente; levanta-se o que tinha caído; torna a viver o que estava morto.

- *Conclusão prática:* Salientar e exemplificar a importância da formação religiosa para a criança de que Deus é amor, de que Deus está junto, é o Criador e dialoga conosco como um Pai. Acentuar a importância de ter religião. É erro grosseiro dizer: "quando ela crescer, ela escolhe a religião". Religião, o modo de relacionar-se com Deus, é uma experiência de vida que os pais transmitem de muitas maneiras para os filhos e cria o ambiente na família, assim como a língua que se fala e os costumes que se tem.

## Uma realidade nova: a graça, a criatura nova, ser filho e herdeiro

• *A Graça de Deus:* No Batismo encontramos Deus fazendo coisas novas em sua criatura. Chamamos de "graça" o encontro íntimo da criatura com o Criador; sua ternura, a graciosidade e a presença de Deus em nós. Prova maior ele nos dará quando nos enviar seu Filho Jesus e ainda nos chamar para ser também seus filhos e herdeiros, juntos com Ele. Observemos que "desgraça" é o pecado, a perda de tudo isso; é a renúncia, a morte. É uma escolha desastrosa de um modo de se viver fora do projeto de Deus!

• *Alma aberta:* Através de uma janela aberta o sol pode entrar numa sala. Essa nova realidade, como luz que ilumina e aquece, dá para o homem a possibilidade de ter a "alma aberta" para Deus; e ser capaz de redimensionar sua vida com Deus em sua grandeza, em seu ser Infinito, em sua santidade; e com Ele conversar, entreter-se.

Uma qualidade de Deus é ele se autodoar a nós suas criaturas e de nos oferecer uma participação íntima com sua própria vida. É no Batismo que celebramos esta realidade nova operada por Deus.

• *Nova Criatura:* Somos criaturas de Deus; mas *o batismo atinge o íntimo do ser da pessoa* fazendo acontecer o *renascimento para uma vida nova*. Tornamo-nos participantes da natureza divina como filhos de Deus, restabelecidos nas mais profundas raízes de nosso ser. "Eu lhes afirmo com toda certeza: se não nascermos da água e do Espírito, não podemos entrar no Reino de Deus. Quem nasce da carne é carne, quem nasce do Espírito é espírito" (Jo 3,5-6). Nova criatura: "Se alguém está em Cristo, é nova criatura. As coisas antigas passaram; eis que uma realidade nova apareceu. Tudo isso vem de Deus, que nos reconciliou consigo por meio de Cristo, e nos confiou o ministério da reconciliação" (2Cor 5,17).

• *Herdeiros de Deus:* Pelo Batismo se renasce no Espírito para a vida nova de filhos adotivos de Deus. "A todos que o acolheram (Jesus) ele deu o poder de se tornarem filhos de Deus" (Jo 1,12). "Vejam que prova de amor o Pai nos deu: somos chamados filhos de Deus, — e o somos de fato! ... Caríssimos, desde agora já somos filhos de Deus" (1Jo 3,1-2). Em São Paulo: "O próprio Espírito nos assegura que somos filhos de Deus. E se somos filhos, somos também herdeiros, herdeiros de Deus, herdeiros juntos com Cristo" (Rm 8,16-17).

• *Conclusões práticas:* Importância de batizar e cuidar da formação das crianças. A criança pertence a Deus e possui a dignidade de filha e herdeira! Salientar o respeito à criança e às formas de escândalos e agressões contra ela.

### É uma passagem

• *Das trevas para a luz:* Passagem é quando deixamos um lugar e vamos para o outro. Supõe deixar, perder, largar aquele outro lugar. Hoje os jovens dizem "estou noutra, companheiro!" para significar que deixaram alguma coisa e partiram para outro rumo. É o que ensinou São Pedro aos cristãos: "Vocês são uma raça eleita, povo adquirido por Deus para proclamar as maravilhas dele que chamou vocês das trevas para a luz maravilhosa. Vocês agora são o povo de Deus; vocês não tinham alcançado misericórdia, mas agora alcançaram a misericórdia" (1Pd 2,9-10).

• *Passagem do Pecado para a Graça divina:* "Assim também vocês considerem-se mortos para o pecado e vivos para Deus, em Jesus Cristo" (Rm 6,11). O pecado é morte, a graça é vida, é Deus em nós.

• *Conclusões práticas:* Quando celebramos o Batismo, acontece em nós essa realidade nova que Deus realiza no íntimo de nossa pessoa, por meio de Jesus Cristo, que será o assunto da palestra seguinte.

## 2ª Palestra

## BATISMO, NOVA ALIANÇA COM DEUS

### Introdução

A primeira palestra lembrou-nos a dimensão do relacionamento pessoal com Deus. É nesse relacionamento e contato pessoal que fazemos também uma *aliança* com Ele. Aliança é mais que um simples contrato. É união de vida, profunda e intensa, com o Senhor que nos criou. É pelo Batismo que essa aliança e vida nova tornam-nos comprometidos com Deus. Inseridos pelo Batismo em Jesus, tornamo-nos o Povo da Aliança. Vejamos o Batismo e seus frutos em nós.

### Jesus mandou

No tempo de Jesus muitos "mestres" batizavam. João batizava levando o povo à Conversão e à Penitência. O Batismo que Jesus mandou vai além da conversão e penitência, seu efeito principal é transmitir: vida nova, união com ele, consagração ao Pai.

"Todo poder no céu e na terra me foi dado, portanto, ide e ensinai a todas as nações, batizando-as em nome do Pai, do Filho e do Espírito Santo; ensinando-as a guardar todas as coisas que eu vos tenho mandado; eis que eu estou convosco todos os dias, até a consumação dos séculos" (Mt 28,18-20).

Jesus, em conversa com Nicodemos, explicou-lhe que é preciso renascer de novo: "Não se admire de ter dito é preciso ter nascido de novo. Se alguém não nascer do alto, não nascer da água e do Espírito não poderá ver o Reino de Deus. Quem nasce da carne é carne, quem nasce do Espírito é espírito" (cf. Jo 3,3ss.).

*Conclusões práticas:* Sendo o Batismo vida nova, união com Jesus, consagração a Deus e uma ordem de Jesus, torna-se o batismo um direito de toda pessoa. Assim como recebemos cuidados físicos, formação humana, moral, a criança deve também ser iniciada e assistida em sua vida espiritual (iniciada na fé, alimentada com a Eucaristia, confirmada com o Crisma). Não retardar o batismo por causa de padrinhos, por promessas, por razões fúteis. Cuidado com crianças gravemente doentes.

### A nova aliança

A nova aliança com Deus é fruto de seu amor por nós; Ele, por primeiro, nos amou: "Os que ele, por primeiro, escolheu também os predestinou para serem conformes à imagem de seu Filho Jesus" (Rm 8,29; Ef 1,5). Aliança de vida nova, que purifica, que regenera, que nos faz filhos de Deus.

Esse amor de Deus é que realiza em nós, pelo Batismo, uma aliança de vida nova fazendo-nos "participantes da natureza divina", a graça, a presença dele em nós (2Pd 1,4). Por isso São Paulo diz "Revesti-vos do homem novo, criado segundo Deus na justiça e na santidade verdadeira" (Ef 4,24).

Essa Nova Aliança no Batismo tem duas realidades:

• A morte do homem velho, o pecador, a eliminação do pecado. O Batismo é **purificação.** Deus é santo; a graça e presença de Deus santo em nós purificam-nos de todo pecado.

• A outra realidade é de ser regeneração, **renascimento** para uma vida nova, maneira nova de ser, por meio de Jesus: "Vocês não sabem que todos nós que fomos batizados... ficamos incorporados a ele por uma morte semelhante à sua, também estaremos incorporados a ele por uma ressurreição semelhante à sua. Fiquem sabendo que nossa vida passada foi pregada na cruz junto com ele para que fosse destruída essa natureza pecadora, e assim não mais sejamos escravos do pecado" (Rm 6,3-6).

• Essa maneira de SER também nos faz renascer no Espírito de **filhos adotivos** de Deus. "Pois vocês todos são filhos de Deus pela fé em Cristo Jesus. Todos os que foram batizados em Cristo se revestiram de Cristo" (Gl 3,26-27).

• O Batismo traz *consequências*: quem é batizado dedica sua vida a Cristo e **torna-se cristão**: "Os discípulos receberam o nome de cristãos" (At 11,26). Quem é batizado está unido com Jesus: "Eu sou a videira e vocês são os ramos. Quem fica unido a mim, e eu a ele, dará muitos frutos, porque sem mim não podem fazer nada" (Jo 15,5). A pessoa batizada que permanece **unida com Jesus**, numa mistura de "seiva e vida" como na árvore, é chamada à vida do Espírito que nos torna capazes de louvar, agir, celebrar, ser filho da aliança juntos com Jesus Cristo! É preciso cuidar e alimentar essa **vida nova** em nós e não separar-se dela pelo pecado. Em Jesus encontraremos outros irmãos na mesma fé e mesma vida de Deus, e com eles formaremos o **Povo, a Igreja de Jesus** (próxima palestra). O Batismo traz ainda um comprometimento de vida entre o homem e Deus, entre a pessoa batizada e Jesus. É um compromisso de escolha, de preferência radical por aquele que é o Senhor, o Deus Criador. Podemos organizar nossa vida a partir de Deus ou a partir das coisas que passam e não sobra nada para o céu. No Batismo se escolhe viver unidos em Cristo, para Deus.

**Consagrado no Batismo**

No tempo de Jesus o primogênito era levado ao templo para ser consagrado. "Quando se completaram os oito dias para a circuncisão do menino, deram-lhe o nome de Jesus... Levaram o menino para Jerusalém a fim de apresentá-lo ao Senhor... Ele será consagrado ao Senhor Deus" (Lc 2,21-24). Nós também somos apresentados e consagrados a Deus por meio da nova aliança que nos dá o Batismo.

Desde que nascemos já somos criaturas e filhos de Deus. No batismo, porém, Jesus, o ungido do Pai, como que se mistura com nossa vida e nessa inserção nos faz participantes de sua própria vida. Deus Pai ao dizer para Jesus "Tu és meu Filho bem amado, em ti eu coloquei todo o meu bem querer" (Mt 3,13-17), volta-se também para nós e, por causa de seu Filho Jesus, ele nos consagra em seu amor.

*Conclusões práticas*: Destacar nossa pertença a Deus! Valorizar o batismo como celebração não só pelo fato de sermos criaturas de Deus mas também como consagrados em Cristo! Motivar o respeito à pessoa, a não violência em diversas formas. O desrespeito com o próprio corpo e com o corpo dos outros; a moda maliciosa, a exploração da mulher para o prazer; o trabalho escravo, a exploração demonstram a falta de convicção de que somos filhos consagrados a Deus.

### A união com Jesus

Assim como o ferro adquire a força e o calor do fogo e se torna "ferro em brasa", assim no batismo a pessoa é unida a Jesus, ao seu espírito, à sua vida. Estar sempre unido com ele na caminhada terrena faz-nos ser discípulos dele. Outra comparação é quando misturamos duas coisas numa só. Como que misturamos a vida de Jesus, o santo e ungido do Pai, com a nossa que tanto precisa dele como fonte de santidade e salvação. Jesus recomendou muito essa união com ele na comparação da árvore videira em Jo 15,1ss.: "Permanecei em mim e eu permanecerei em vós. Como o ramo não pode dar frutos se não permanecer unido à videira, assim também vós não podereis produzir frutos se não permanecerdes unidos em mim. Eu sou a videira e vós sois os ramos. Aquele que permanece em mim e eu nele dá muitos frutos, pois, sem mim, nada podeis fazer" (Jo 15,4-5). É assim que somos filhos de Deus! "Vejam que prova de amor o Pai nos deu, somos chamados filhos de Deus, e nós o somos de fato!... Caríssimos, desde agora já somos filhos de Deus" (1Jo 3,1.2).

*Conclusões práticas:* É tarefa importante dos pais ou de quem cuida da criança acompanhá-la e ajudá-la a permanecer unida com Jesus. Lembrar-se que ela tem uma vida interior, vida do espírito, é sensível às coisas de Deus. Iniciar a criança no aprendizado e vida de fé. A iniciação da vida cristã sempre requer atenção em gerar convicções e comportamentos adequados, melhores atitudes e motivações.

### A vida nova

Quando alguém supera uma doença grave ou um perigo, dizemos que ele nasceu de novo, "vida nova". Uma vez batizados, adquirimos um modo novo de viver unido com Jesus, consagrado e ungido para Deus. O batismo perdoa o Pecado Original; torna-nos FILHOS E

HERDEIROS de Deus, unidos e seguidores de Jesus em sua Igreja. A vida nova é como a seiva da planta que vem das raízes e tronco para os galhos, como explicou Jesus: Jo 15,1ss.; Jo 3,3-21; é fruto da união misteriosa nossa com Jesus Cristo, sobre a qual falamos acima.

*Consequências:* A vida nova em Jesus leva-nos a conviver com Deus, e não com o pecado. Nunca se esquecer de que o batismo nos faz irmãos na fé, uns dos outros, e todos herdeiros do céu. "Vós sois, pela fé, filhos de Deus em Jesus Cristo. Sim, vós todos que fostes batizados em Jesus Cristo vos revestistes de Cristo. Não há mais nem judeu nem grego; nem escravos nem livres, nem mais o homem e a mulher, pois, todos vós sois um só em Jesus Cristo. E se pertenceis ao Cristo, é porque sois a descendência de Deus, vós sois herdeiros" (At 3,26-29).

## 3ª Palestra

### O BATISMO E A IGREJA

Encontramos outros irmãos, unidos na mesma fé e no mesmo batismo, tendo Jesus como centro. É assim que a Igreja é constituída. Comunidade de Cristãos inseridos em Cristo, formando um só corpo. Jesus sempre estará presente como mediador em nossa comunicação com Deus. Ele é a fonte e o grande sacramento para nós. É pelo Batismo que nos unimos, num só corpo, com Jesus e com os irmãos para formar a Comunidade-Igreja e explicitamente participar dessa salvação que ele nos dá. O batismo torna-se, dessa forma, sinal e instrumento de salvação para todos. "Vocês já não são estrangeiros nem hóspedes, mas concidadãos do povo de Deus e membros da família de Deus. Vocês pertencem ao edifício... que tem Jesus Cristo como pedra fundamental... para se tornarem morada de Deus, por meio de seu Espírito (Ef 2,19-22). Na Comunidade-Igreja, celebramos com Ele nossa fé, o louvor, a prece, a gratidão ao Deus que nos fez existir como filhos.

### O que é a Igreja

Muitas pessoas pensam na Igreja de tijolos; ela é mais do que isso. Outras pensam na Igreja sendo os padres e bispos; errado! Eles são apenas os ministros e servidores. A Igreja somos todos nós, unidos pela fé e pelo Batismo, em Jesus. "Onde dois ou três estiverem reunidos em meu nome, eu estou ali no meio deles" (Mt 18,20). "Fomos todos batizados num só Espírito para sermos um só corpo em Jesus" (1Cor 12,13).

*Ser Fiel à Igreja:* Ser batizado, ter fé em Jesus e viver em sua Igreja supõe determinação de enfrentar todas as dificuldades que aparecerão na vida. É difícil acreditar numa pessoa que diz amar e ter estima por alguém mas nunca ir ao seu encontro. Ter estima por Jesus Cristo, por sua Igreja, pela Comunidade a que você pertence. Isso será demonstrado por prática da religião e por sua presença na Comunidade.

Jesus curou um cego de nascimento. Ele fez o que Jesus pediu, mas depois vieram as dificuldades com os doutores do templo que invejavam Jesus. Depois de interrogado expulsaram-no da sinagoga. Jesus soube que o haviam expulsado. Encontrando-o, perguntou-lhe: "Acreditas no Filho do Homem?" E ele respondeu: "Quem é ele, Senhor, para que eu creia nele?" Jesus lhe disse: "Tu o estás vendo, é aquele que está falando contigo". Então ele exclamou: "Eu creio, Senhor", e prostrou-se de joelhos diante de Jesus! (Jo 9,35-38). Ser fiel a Jesus é ser fiel a sua Igreja, em todos os momentos.

**A Igreja é a família de Deus**

Para explicar a vida do cristão unido com Jesus Cristo, São Paulo usou a comparação de um corpo com muitos membros e de uma construção que tem alicerce, Jesus, e um tijolo após o outro. "Fomos batizados num só Espírito para formarmos um só corpo" (1Cor 12,13). Jesus usou a comparação da videira: "Eu sou a árvore videira e vós sois os ramos ... sem mim nada podeis fazer" (Jo 15,5).

A Igreja forma uma só Família pois, à semelhança da família humana, temos um só e mesmo Jesus como cabeça, o mesmo batismo, o mesmo alimento, a mesma vida, a mesma fé. Somos irmãos na família de Deus. Cabe a Jesus, nosso Salvador e Mediador da Salvação, apresentar-nos ao Pai, quando deixarmos esta terra.

### A Igreja é uma Comunidade

O significado de "Comunidade" é estar unidos, viver e participar juntos da vida de todos e de cada um. Sua família, por exemplo, é uma comunidade onde tudo que os pais fazem se dirige para o bem da família. Na Igreja também é assim. Tendo Jesus como centro de união, a cabeça, permanecemos unidos a ele pela fé e pelo Batismo. O Batismo tornou-se o grande momento em que entramos nessa comunidade de vida na Igreja, a *Comunidade de Jesus*.

Para se viver bem na família, é preciso a concórdia, o amor recíproco, ajuda mútua. É preciso demonstrar interesse de que tudo corra bem, desenvolva e cresça. Contribuímos não só materialmente mas com nossa presença. A Igreja como Comunidade deve ter todas essas qualidades e a cada cristão cabe sua parte. É na

Comunidade-Igreja que você ouve, interioriza, vive e partilha sua fé. Ao ver e sentir seu irmão comunicando-se com Deus, você estará também recebendo alimento e impulso do Espírito em seu coração.

*Consequências:*

• A Igreja é sua Comunidade; isso significa que você deve estar unido com seus irmãos na fé para Ouvir, Viver e Partilhar a Palavra, e Celebrar juntos a Fé, no louvor para com Deus, por exemplo, a Missa.

• Amar e querer bem sua Igreja. Interessar-se por ela. Não ter vergonha de testemunhar que é católico. Ajudar no que puder. Explicar, se possível, o Dízimo e ofertas no sentido de "comunhão e participação".

**Discípulos e testemunhas**

É natural que nossa maneira de SER E FAZER, após o Batismo, seja de um seguidor de Jesus Cristo. Seguir e viver o modo novo ensinado por ele nos torna Discípulos de Jesus. Fazer o que ele pede, sem temor e com fidelidade, nos momentos alegres e difíceis, faz-nos Testemunhas de Jesus.

Em nosso Batismo e na Igreja de Cristo é preciso estar atento às palavras: "Nem todo que diz Senhor! Senhor! entrará no Reino do Céu, mas só aquele que põe em prática a vontade de meu Pai que está nos céus" (Mt 7,21). "Ninguém pode servir a dois senhores: ou vai odiar o primeiro e amar o outro, ou juntar-se ao primeiro e desprezar o outro" (Mt 6,24). É de Jesus a tarefa que temos de "Vós sois o sal da terra... vós sois a luz do mundo... ela brilha para todos os que estão em casa" (Mt 5,13,-14).

*Aplicação prática:*

• A Palestra sobre a Igreja deve esclarecer os irmãos: Igreja somos nós unidos ao redor de Jesus, no mesmo Batismo e na mesma Fé (família de Deus).

• A dimensão interna de nossa união com Cristo e em Cristo faz-nos uma Comunidade não só espiritual mas também exterior, onde revivemos e celebramos nos sacramentos de Cristo nossa fé.

• Essa Comunidade visível é proclamada por nosso ser Discípulo e Testemunho de Jesus com a vida nova que levamos. Insistimos que se medite sobre as primeiras Comunidades Cristãs em At 2,42-47; At 4,32-36. Se for oportuno, pode-se falar do dízimo, das esmolas, doações e ofertas.

*Finalizar:*

Diante da beleza e grandeza de ser batizado podemos aplicar para nós o que diz São Paulo: "Vocês se aproximaram da cidade de Deus vivo. Vocês se aproximaram de milhares de anjos reunidos em festa e da assembleia dos primogênitos que têm o nome inscrito no céu. Vocês se aproximaram de Deus que é juiz de todos. Vocês se aproximaram dos espíritos justos que chegaram à meta final; e de Jesus, o mediador de uma nova aliança, vocês se aproximaram do sangue da aspersão que fala muito mais alto que o sangue de Abel" (Hb 12, 22-24).

## 4ª Palestra

## A CELEBRAÇÃO DO BATISMO

O Quarto Momento tem por objetivo encenar um *batizado na prática*. Os Agentes sejam atentos em observar a maneira determinada pelo Pároco na celebração do Batismo. O que segue é apenas uma sugestão e exemplo desta parte prática.

Escolher um casal com uma criança, padrinho e madrinha; mostrar os objetos e símbolos do Batismo com explicação. Tirar dúvidas, dar margem para perguntas, e por meio das cerimônias relembrar pontos significativos do Batismo, o sinal-da-cruz na fronte, os compromissos do Batismo como norma de conduta, a vela como símbolo da fé e os cuidados que devemos ter, as unções, a figura do padrinho e madrinha, posicionamento deles no momento do Batismo. Conservar um clima de alegria e de festa. Observar o grau de canseira que os participantes possam sentir.

*Preparação:*

• A mesa preparada para o batismo com água, toalha, vela, óleos.

• Escolher um casal com criança no braço, e padrinhos, e todos estejam voltados para os participantes, num lugar visível.

*a) Pontos que devem ser explicados de maneira prática:*

• A madrinha com a criança devem ficar na ponta do banco para facilitar a celebração.
• Se a criança chorar... dar mamadeira... (passar para mãe que deve ficar perto da madrinha). Se a criança dorme, deixar dormir.
• Sinal-da-cruz na fronte da criança: todos da família. O que significa?!
• As duas unções. Deixar a gola da blusa aberta para a unção. Explicar e mostrar. Mostrar o óleo e repetir o que as duas unções significam.
• Vela com o padrinho (lembrar a Fé).
• Compromissos do Batismo: Todos respondem os "Compromissos do Batismo".

*b) Momento do Batismo:*

• Momento importante e de piedade em que todos participam.
• O pai segura a bacia; a mãe segura a toalha e limpa a fronte da criança; a madrinha segura a criança no braço esquerdo; o padrinho, com vela acesa, põe a mão direita sobre o peito da criança.
• Voltam para o banco para finalizar a cerimônia.
• Após o Batismo: cumprimentar-se como compadres, fotos, alegria!

*c) Batismo em CASOS DE EMERGÊNCIA:
   dialogar com os participantes:*

• Qualquer cristão pode batizar validamente em caso de emergência, por exemplo quando a criança está doente e para morrer. Isso acontece muito em lugares distantes ou em hospitais.

• Como batizar em caso de emergência: Fazer um exercício prático. Uma pessoa vindo até a frente encena o batizado tendo alguém como padrinho. Deixe o povo conversar... (perguntar se no lugar de água pode-se usar outra coisa como leite, pinga, óleo. O que ensinou Jesus?).

• Após o batismo de emergência, comunicar o nome da criança, dos pais, dos padrinhos e a data e o local onde foi batizada, para que a Paróquia registre e o Pároco complemente as cerimônias quando for oportuno, de acordo com os pais.

# 5

## O ENCERRAMENTO DO ENCONTRO

É muito simpática a atitude de agradecer e elogiar os participantes, cumprimentar antecipadamente os pais e padrinhos por tudo que vai ocorrer no Batismo.

Entregar o CERTIFICADO DO CURSO: recomendar que guardem por 1 ano e explicar seus usos em outras oportunidades.

- Motivação final otimista, alegre, entusiasmante.
- Cântico.
- Orações pelos que vão ser batizados.
- Bênção com uma imagem de Nossa Senhora.

## RECOMENDAÇÕES À PASTORAL DO BATISMO

A título de ilustração, resumimos algumas sugestões e observações:

1. Para iniciar a Equipe são necessárias duas ou mais pessoas que se ocupem dessa Pastoral.

2. Possam participar e se comprometer com os encontros de formação na Paróquia.

3. Possam auxiliar o Ministro do Batismo, no dia do batizado.

4. Os Encontros de Preparação devem ter data e lugar adequados às necessidades do povo.

5. Haja o devido cuidado para que os Encontros não sejam excessivamente demorados, cansativos, enfadonhos. Pouco mas bom e compreensível do que muito mas indigesto e cansativo.

6. Os Agentes cuidem para que tudo esteja em ordem no dia da celebração, incluindo documentação completa a ser remetida para a Secretaria da Paróquia e ser transcrita no Livro Oficial de Batismo.

7. Respeitar a liberdade de se fazer o "Encontro de Batismo" em outra Paróquia ou Comunidade. A quem pedir, sempre se dá a licença para batizar em outra Paróquia.

8. Colocar o dia, o local, a hora de Preparação do Batismo entre os avisos da Comunidade!

9. Taxas devem seguir determinação do Pároco. Sempre entregar o Comprovante do Curso, válido por um ano. Após o batismo, entregar o Certificado do batizado realizado.

10. Cuidado com os conflitos com a Equipe de liturgia se o batizado for realizado durante a Missa, o que não deve ocorrer com frequência.

11. Objetivo da Equipe de Batismo: fazer o apostolado em unidade com o Pároco; servir com amor; com intenção de ajudar e não de atrapalhar.

# SUGESTÕES DE FICHAS

**PARÓQUIA N. Sra. da ESPERANÇA**
*R. Henry Fuselli, 42 – B. Sinhá – Região Belém*
03923-050 – SÃO PAULO-SP – Tel.: (11) 6721-9305

## *CERTIFICADO DE ENCONTRO DE BATISMO*

Declaramos que o Sr.(a)

_____

participou do *ENCONTRO DE BATISMO* em nossa Comunidade. Este Documento tem validade por um (1) ano a partir desta data.

_____
Pe. José dos Anjos
Vigário paroquial

**PARÓQUIA N. Sra. da ESPERANÇA**
*R. Henry Fuselli, 42 – B. Sinhá – Região Belém*
03923-050 – SÃO PAULO-SP – Tel.: (11) 6721-9305

### *TRANSFERÊNCIA PARA BATIZADOS*

Declaramos que o Batismo de

_____

Filho(a) de

_____

_____

está autorizado a ser realizado em outra Paróquia ou Santuário, segundo o pedido dos pais.

_____

Pe. José dos Anjos
Vigário paroquial

**PARÓQUIA N. Sra. da ESPERANÇA**
*R. Henry Fuselli, 42 – B. Sinhá – Região Belém*
03923-050 – SÃO PAULO-SP – Tel.: (11) 6721-9305

## *FICHA DE INSCRIÇÃO PARA O BATISMO*

Nome: _____
Cidade: _____ UF: _____
Filho(a) de: _____
e:_____
Casados na cidade de:_____
Igreja:_____
Endereço (dos pais):_____
_____Tel.:_____
Padrinhos:_____

# ÍNDICE

Apresentação ........................................................ 3
Introdução ........................................................... 5

1. A Preparação do Batismo ................................ 7
   Um encontro .................................................... 7
   Organização e tarefas ..................................... 8
2. Orientações sobre o Batismo ......................... 11
   Quem pede o Batismo ................................... 12
   Os cuidados na preparação ........................... 13
   Os pais e os padrinhos .................................. 15
   Serviços paroquiais ....................................... 16
3. O conteúdo ..................................................... 21
   Atitudes que confundem ............................... 21
   Características essenciais ............................. 23
4. As palestras de formação .............................. 25
   Momentos de formação e oração ................. 26
   *1ª Palestra:* No Batismo, a nova criatura ....... 27
   Somos filhos de Deus .................................... 27
   Dimensão nova para o homem ..................... 28
   Uma realidade nova ...................................... 30
   É uma passagem ............................................ 32
   *2ª Palestra:* Batismo, nova aliança com Deus ....... 33

Jesus mandou..................................................... 33
A nova aliança ................................................. 34
Consagrado no Batismo ............................... 36
A união com Jesus........................................... 37
A vida nova....................................................... 38
*3ª Palestra:* O Batismo e a Igreja ................... 40
O que é a Igreja ............................................... 40
A Igreja é a família de Deus .......................... 41
A Igreja é uma Comunidade........................... 42
Discípulos e testemunhas ............................... 43
*4ª Palestra:* A celebração do Batismo ............ 45
Preparação ....................................................... 45
Pontos práticos ................................................ 46
Momento do Batismo..................................... 46
Batismo de emergência ................................. 47

5. O encerramento do encontro ......................... 49
Recomendações à Pastoral do Batismo .......... 49
Sugestões de fichas.......................................... 51